RECUEIL DES USAGES DU CANTON DE MEULAN

UTILE

AUX PROPRIÉTAIRES, USUFRUITIERS, FERMIERS ET LOCATAIRES, ENTREPRENEURS, MAITRES, OUVRIERS ET DOMESTIQUES, ETC.

PAR

V. GAUDET

GREFFIER DE LA JUSTICE DE PAIX DE MEULAN.

Prix : 60 cent.

MEULAN
LIBRAIRIE BORNÉ.

1864

RECUEIL
DES USAGES
DU CANTON
DE MEULAN

UTILE

AUX PROPRIÉTAIRES, USUFRUITIERS,
FERMIERS ET LOCATAIRES, ENTREPRENEURS, MAITRES,
OUVRIERS ET DOMESTIQUES, ETC.

PAR

V. GAUDET

GREFFIER DE LA JUSTICE DE PAIX DE MEULAN

Prix : 60 cent.

MEULAN
LIBRAIRIE BORNÉ.

1864

Témoin de nombreuses démarches, souvent pénibles, occasionnées par le défaut de publication de ce recueil, j'ai cru me rendre utile en le livrant à la publicité.

Dans la même pensée, j'ai voulu aussi entretenir les habitants de ce canton sur divers sujets qui sont dignes d'attention, se rattachant à leurs intérêts et répondant à des nécessités de chaque jour.

Que cette brochure soit favorablement accueillie, c'est la récompense que je sollicite.

V. GAUDET,

Greffier de la Justice de paix de Meulan,
Ancien 1er clerc de notaire.

Usages du canton de Meulan.

Le Code Napoléon renvoie souvent aux *usages locaux*, qui, dans ce cas, forment le complément de la loi et deviennent obligatoires comme elle.

Il faut pour établir un usage, qu'il soit uniforme, public, multiplié, observé par la généralité des habitants, réitéré pendant un long espace de temps. (TOULLIER, t. 1er, n. 159.)

Les usages du canton de Meulan ont été recueillis avec soin et transmis à M. le Préfet de Seine-et-Oise, qui a chargé de coordonner les renseignements obtenus sur ces usages et sur ceux des autres cantons de l'arrondissement, l'honorable M. SAUGER, juge de paix à Versailles.

Ce sont ces usages que nous allons faire connaître, tels qu'ils ont été codifiés à la suite du traité du louage de M. SAUGER, excellent ouvrage qui témoigne hautement du savoir et du désintéressement de ce magistrat (1), et qui doit être aux mains de quiconque veut éviter des difficultés.

---

(1) Le traité du louage, *publié au profit des pauvres*, se trouve chez tous les libraires de Versailles.

§ 1er. Usages communs à tout le canton.

HAUTEUR DES MURS DE CLOTURE.

Dans la majeure partie des communes du canton, l'usage ne fixe pas la hauteur à laquelle les murs de séparation entre voisins doivent être élevés.

Dans la commune d'Aubergenville, la hauteur de ces murs est fixée à 2 mètres.

Dans celle d'Ecquevilly, elle est de 2 à 3 mètres.

Dans les communes de Flins, Meulan et Nézel, la hauteur est fixée à 2 mètres 66 cent.

Dans celles de Gaillon, Mézy, les Mureaux et Tessancourt, la hauteur est fixée à 2 mètres 33 cent.

Et dans celle de Maule, la hauteur est fixée à 2 mètres 30 cent.

Dans toutes les autres communes du canton, c'est-à-dire à Aulnay, Bazemont, Bouafle, Chapet, Évecquemont, Hardricourt, Herbeville, Mareil, Montainville et Vaux, la hauteur est facultative.

HAUTEUR DES HAIES VIVES.

Dans les communes d'Evecquemont, Flins, Gaillon, Nézel et Tessancourt, les haies doivent être tenues à une hauteur de 1 mètre 50 cent.;

A Ecquevilly, 1 mètre 33 cent.

Dans toutes les autres communes, la hauteur est facultative.

PLANTATIONS.

Il est d'usage, dans le canton, de planter les arbres à haute tige à 2 mètres de l'héritage voisin.

Les autres arbres, les haies vives et la vigne à 50 cent., et les arbres en espalier de 20 à 30 cent.

CONSTRUCTIONS NUISIBLES.

Dans tout le canton, l'usage ne trace, en général, aucune règle pour les constructions dont parle l'article 674 du Code Napoléon, seulement celui qui veut construire un four, une forge, un fourneau, doit faire un contre-mur de 20 à 25 cent. d'épaisseur, et lorsqu'il s'agit de fosses d'aisances à Ecquevilly, Hardricourt et Meulan, il doit être fait un contre-mur de 30 à 33 cent.

RÉPARATIONS LOCATIVES.

L'article 1754 du Code Napoléon forme l'usage dans tout le canton, pour ce qui concerne les réparations locatives.

MODE DE CULTURE

ET RAPPORTS ENTRE FERMIERS ENTRANTS ET SORTANTS.

Dans toutes les communes du canton où il existe des terres à ferme qui sont louées pour une période excédant trois années, la culture est variée, le fermier n'est pas tenu de cultiver par soles et saisons : cependant dans les trois dernières années de son bail, quand il a dessolé, il est tenu de remettre les terres en trois soles.

Lors de la levée des jachères, qui arrive à la Saint-Martin, le fermier sortant doit donner à l'entrant une pièce pour se loger et une écurie pour ses chevaux, pièce et écurie que le fermier sortant prend à son tour l'année suivante à la Saint-Martin en remettant le corps de ferme au fermier entrant : il conserve la grange et le grenier qu'il ne remet à l'entrant qu'à la Saint-Jean qui suit la dernière récolte.

Les pailles, fumiers, fourrages et menus appartiennent ordinairement à la ferme, et le fermier sortant doit conséquemment les laisser en totalité à son successeur : quelquefois, cependant, son bail lui donne le droit d'emporter une partie des menus.

Le pacage et le paturage des moutons cessent avec la fin de la jouissance et ne peuvent se continuer qu'à la charge par le fermier sortant d'indemniser le fermier entrant.

Le fermier entrant prend un tiers des terres en jachères, et il a la jouissance des deux autres tiers au fur et à mesure qu'elles sont dépouillées de leurs récoltes.

Le 11 novembre qui suit la dernière récolte, le fermier sortant remet à l'entrant le jardin potager.

Le produit de l'élagage des arbres, les émondes et la tonte des haies appartiennent au fermier sortant; il en est de même des branches des arbres fruitiers abattus qu'il doit remplacer.

Les fossés et rigoles doivent être rendus par le fermier sortant en bon état de curage le 11 novembre qui suit la dernière récolte.

Il n'y a pas d'usage particulier relatif aux pigeons et aux volailles.

Les pressoirs y sont en prisée, elle est constatée et estimée à l'entrée et à la fin du bail, et le fermier donne ou reçoit suivant l'augmentation de valeur, ou la dépréciation qu'ils ont subie entre ses mains.

Les loyers des terres louées en petite culture se paient tous les ans, en un seul paiement, le 11 novembre.

Lorsqu'il s'agit d'une exploitation de grande culture, les fermages se paient en trois fois, le 11 novembre, à Noël et à la Saint-Jean.

(Extrait du mémoire de la Société d'agriculture du département de Seine-et-Oise. — Rapport de M. DE LA NOURRAIS. *Vol. de* 1855).

COURS D'EAU.

Le curage et l'entretien des cours d'eau sont soumis au réglement préfectoral du 9 février 1838, à l'exception des communes d'Aubergenville, Bouafle, Evecquemont et les Mureaux, où les cours d'eau sont curés par les riverains à la diligence et sous la surveillance des maires.

OUVRIERS ET DOMESTIQUES.

Dans le canton, les ouvriers se prennent à la journée. Le maître et l'ouvrier se quittent sans se prévenir huit jours d'avance.

Généralement dans le canton, les domestiques se louent à l'année, du 24 juin au 24 juin; les gages se paient par douzièmes; le maître et le domestique se quittent sans se prévenir huit jours d'avance. Cependant dans la commune d'Aulnay l'usage est de se prévenir respectivement huit jours d'avance; dans les communes d'Hardricourt, les Mureaux et Vaux, l'usage est de les louer au mois, et dans celles de Maule et Meulan la durée n'est pas déterminée.

VAINE PATURE.

Dans le canton, la vaine pâture n'a lieu qu'entre particuliers; elle s'exerce toute l'année sur les terres incultes ou en jachères, sur les autres terres après le glanage jusqu'au labour, et, lorsqu'il n'y a pas de glanage, après l'enlèvement de la récolte. Elle est interdite sur les prairies artificielles. Elle s'exerce sur les prés dans les communes où il en existe, depuis l'enlèvement de la récolte jusqu'au 1er mars

GLANAGE.

Le glanage existe seulement dans les communes

d'Aubergenville, Bouafle, Chapet, Évecquemont, Gaillon, Hardricourt, Maule, les Mureaux, Tessancourt et Vaux. Il est réglementé par arrêté préfectoral des 10 et 23 juin 1845.

BAN DE VENDANGE. — GRAPILLAGE.

Le grapillage a lieu dans les communes de Mézy et Vaux; il est réglementé par l'arrêté du maire qui fixe le ban de vendange dans les deux communes.

Dans la commune d'Évecquemont, le ban de vendange n'existe pas, l'usage permet seulement le grapillage après la récolte.

§ 2. Usages qui n'existent pas dans le canton.

Le parcours de commune à commune, le ratelage et le chaumage n'existent pas dans le canton.

§ 3. Usages particuliers à chaque commune.*

AUBERGENVILLE.

USUFRUIT DES BOIS.

Les bois se coupent tous les neuf ans.

L'élagage des arbres se fait également tous les neuf ans.

---

* Avant d'entrer dans la relation de ces usages, nous rappelons que le Code Napoléon dispose :

Art. 1774. Le bail, *sans écrit, d'un fond rural*, est censé fait pour le temps qui est nécessaire, afin que le preneur recueille tous les fruits de l'héritage affermé. — Ainsi le bail à ferme d'un pré, d'une vigne, et de tout autre fonds dont les fruits se recueillent en entier dans le cours de l'année, est censé fait pour un an. — Le bail des terres labourables, lorsqu'elles se divisent par soles ou saisons, est censé fait pour autant d'années qu'il y a de soles.

LOCATIONS VERBALES. — CONGÉ. — DÉLAI.

Les locations verbales se font à l'année.

Elles commencent le 11 novembre.

Les congés doivent être donnés six mois avant la sortie.

Il n'est pas accordé de délai pour déménager.

Les loyers se paient à l'expiration de l'année, le 11 novembre.

AULNAY.

USUFRUIT DES BOIS.

Les bois se coupent tous les neuf ans.

L'élagage des saules a lieu tous les quatre ans; celui des peupliers a lieu tous les six ans.

LOCATIONS VERBALES. — CONGÉ. — DÉLAI.

Les locations verbales se font à l'année.

Elles commencent le 11 novembre.

Les congés doivent être donnés six mois avant le jour de la sortie.

Il est accordé un délai de huit jours pour déménager.

Les loyers se paient à l'expiration de l'année, le 11 novembre.

Art. 1775. Le bail des *héritages ruraux*, quoique *fait sans écrit*, *cesse de plein droit* à l'expiration du temps pour lequel il est censé fait, selon l'article précédent.

Art. 1776. Si, à l'expiration des *baux ruraux écrits*, le preneur reste et est laissé en possession, il s'opère un nouveau bail dont l'effet est réglé par l'art. 1774.

BAZEMONT.

USUFRUIT DES BOIS.

Les bois se coupent tous les neuf ans.

Les élagages se font pour les peupliers tous les six ans, et pour les aulnes tous les quatre ans.

LOCATIONS VERBALES. – CONGÉ. – DÉLAI.

Les locations verbales se font à l'année.

Elles commencent le 11 novembre.

Les congés doivent être donnés six mois avant le jour de la sortie.

Il est accordé un délai de huit jours pour déménager.

Les loyers se paient à l'expiration de l'année, le 11 novembre.

BOUAFLE.

USUFRUIT DES BOIS.

Les bois se coupent tous les neuf ans.

L'élagage des arbres se fait également tous les neuf ans.

LOCATIONS VERBALES. – CONGÉ. – DÉLAI.

Les locations verbales se font à l'année, qui commence le 11 novembre.

Les congés doivent être donnés six mois avant le jour de la sortie.

Il n'est accordé aucun délai pour déménager.

Les loyers se paient à l'expiration de l'année, le 11 novembre.

CHAPET.

USUFRUIT DES BOIS.

Les bois se coupent tous les neuf ans.
L'élagage des bois durs se fait tous les neuf ans ;
Celui des bois tendres tous les cinq ans.

LOCATIONS VERBALES. – CONGÉ. – DÉLAI.

Les locations verbales se font à l'année.

Elles commencent le 11 novembre.

Les congés doivent être donnés six mois avant la sortie.

Il n'est accordé aucun délai de grâce pour déménager.

Les loyers se paient à l'expiration de l'année, le 11 novembre.

ECQUEVILLY.

USUFRUIT DES BOIS.

Les bois se coupent à neuf ans.
L'élagage des peupliers se fait à six ans ;
Celui des saules à quatre ans.

LOCATIONS VERBALES. – CONGÉ. – DÉLAI.

Les locations verbales se font à l'année.

Elles commencent le 11 novembre.

Les congés doivent être donnés six mois avant la sortie.

Il est accordé un délai de vingt-quatre heures pour déménager.

Les loyers se paient à l'expiration de l'année, le 11 novembre.

ÉVECQUEMONT.

USUFRUIT DES BOIS.

Les bois se coupent tous les neuf ans.

L'élagage des arbres se fait également tous les neuf ans.

LOCATIONS VERBALES. - CONGÉ. - DÉLAI.

Les locations verbales se font à l'année.

Elles commencent le 11 novembre.

Les congés doivent être donnés trois mois avant la sortie.

Il est accordé un délai de huit jours pour déménager.

Les loyers se paient à l'expiration de l'année, le 11 novembre.

FLINS

USUFRUIT DES BOIS.

Les bois durs se coupent tous les dix à douze ans;

Les bois blancs tous les huit ans.

L'élagage des arbres se fait tous les quatre ou six ans.

LOCATIONS VERBALES. - CONGÉ. - DÉLAI.

Les locations verbales se font à l'année.

Elles commencent le 11 novembre.

Les congés doivent être donnés six mois avant le jour de la sortie.

Il n'est accordé aucun délai pour déménager.

Les loyers se paient à l'expiration de l'année, le 11 novembre.

GAILLON

USUFRUIT DES BOIS.

Les bois se coupent tous les neuf ans.
L'élagage des peupliers a lieu tous les six ans ;
Celui des saules a lieu tous les quatre ans.

LOCATIONS VERBALES. – CONGÉ. – DÉLAI.

Les locations verbales se font à l'année.
Elles commencent le 11 novembre.
Les congés doivent être donnés trois mois avant la sortie.
Il n'est accordé aucun délai pour déménager.
Les loyers se paient à l'expiration de l'année, le 11 novembre.

HARDRICOURT

USUFRUIT DES BOIS.

Les bois se coupent tous les neuf ans.
L'élagage des peupliers a lieu tous les six ans ;
Celui des saules tous les cinq ans.

LOCATIONS VERBALES. – CONGÉ. – DÉLAI.

Les locations verbales se font à l'année.
Elles commencent le 11 novembre.
Les congés sont donnés trois ou six mois avant la sortie, suivant l'importance de la location.
Il n'est accordé aucun délai pour déménager.
Les loyers se paient le 11 novembre.

HERBEVILLE

USUFRUIT DES BOIS.

Les bois se coupent tous les neuf ans.
L'élagage des peupliers a lieu tous les six ans ;
Celui des saules tous les trois ans.

LOCATIONS VERBALES. – CONGÉ. – DÉLAI.

Les locations verbales se font à l'année.
Elles commencent le 11 novembre.
Les congés sont donnés six mois avant la sortie.
Les granges se louent par année à compter du 24 juin ; les congés doivent être donnés trois mois avant, c'est-à-dire le 23 mars au plus tard.
Il est accordé un délai de huit jours pour déménager.
Les loyers se paient le 11 novembre.

MAREIL-SUR-MAULDRE.

USUFRUIT DES BOIS.

Les bois se coupent tous les neuf ans.
L'élagage des peupliers a lieu tous les six ans ; celui des saules tous les quatre ans.

LOCATIONS VERBALES. – CONGÉ. – DÉLAI.

Les locations verbales se font à l'année.
Elles commencent le 11 novembre.
Les congés se donnent six mois avant la sortie.
Il est accordé un délai de huit jours pour déménager.
Les loyers se paient le 11 novembre.

MAULE.

USUFRUIT DES BOIS.

Les bois se coupent tous les neuf ans.

L'élagage des peupliers a lieu tous les sept ans; celui des saules tous les cinq ans.

LOCATIONS VERBALES. — CONGÉ. — DÉLAI.

Les locations verbales se font à l'année.

Elles commencent le 11 novembre; — celles des granges le 24 juin.

Les congés se donnent six mois avant la sortie; celui des chambres seules se donne 3 mois d'avance.

Il est accordé huit jours pour le déménagement.

Les loyers se paient à l'expiration de l'année, le 11 novembre pour les maisons, le 24 juin pour les granges.

MEULAN.

USUFRUIT DES BOIS.

Il n'existe pas de bois à Meulan.

LOCATIONS VERBALES. — CONGÉ. — DÉLAI.

Les locations verbales sont faites à l'année.

Elles commencent le 11 novembre.

Les congés sont donnés trois mois avant la sortie si la location est au-dessous de 200 fr., et il est accordé un délai de huitaine pour déménager : si la location est au-dessus de 200 fr., le congé est donné six mois avant la sortie, et il est accordé un délai de quinze jours pour déménager.

Le paiement des loyers a lieu le 11 novembre, à l'expiration de l'année.

MÉZY.

USUFRUIT DES BOIS.

Les bois se coupent tous les neuf ans.

L'émondage et l'élagage des arbres ont lieu également tous les neuf ans, sauf l'élagage des arbres bordant les routes, qui a lieu tous les sept ans.

L'usage est de prendre des échalas dans les bois au moment des coupes.

LOCATIONS VERBALES. - CONGÉ. - DÉLAI.

Les locations verbales se font à l'année.

Elles commencent le 11 novembre.

Les congés se donnent trois mois avant la sortie.

Il n'est accordé aucun délai pour déménager.

Les loyers se paient le 11 novembre.

MONTAINVILLE.

USUFRUIT DES BOIS.

Les bois se coupent tous les neuf ans.

L'élagage des peupliers se fait tous les six ans; celui des saules tous les quatre ans.

LOCATIONS VERBALES. - CONGÉ. - DÉLAI.

Les locations verbales se font à l'année.

Elles commencent le 11 novembre.

Les granges se louent également à l'année le 24 juin.

Les congés se donnent six mois avant la sortie.

Il est accordé un délai de huit jours pour déménager.

Les loyers se paient le 11 novembre.

LES MUREAUX.

USUFRUIT DES BOIS.

Les bois se coupent tous les neuf à douze ans.

L'élagage des arbres a lieu tous les neuf ans.

L'usage est de prendre des échalas dans les bois à l'époque des coupes.

LOCATIONS VERBALES. – CONGÉ. – DÉLAI.

Les locations verbales se font à l'année.

Elles commencent le 24 juin.

Les congés se donnent trois mois avant la sortie.

Les loyers se paient à l'expiration de l'année, le 24 juin.

Il n'est accordé aucun délai pour le déménagement.

NÉZEL.

USUFRUIT DES BOIS.

Les bois se coupent tous les neuf ans.

L'élagage des peupliers se fait tous les six ans; celui des saules a lieu tous les quatre ans.

LOCATIONS VERBALES. – CONGÉ. – DÉLAI.

Les locations verbales se font à l'année.

Elles commencent le 11 novembre.

Les congés se donnent six mois avant la sortie.

Les loyers se paient le 11 novembre.

Il est accordé huit jours pour déménager.

TESSANCOURT.

USUFRUIT DES BOIS.

Les bois se coupent tous les neuf ans.

L'élagage des peupliers a lieu tous les six ans; celui des saules tous les quatre ans.

LOCATIONS VERBALES. - CONGÉ. - DÉLAI.

Les locations verbales se font à l'année.

Elles commencent le 11 novembre.

Les congés doivent être donnés trois mois avant la sortie.

Il n'est pas accordé de délai pour le déménagement.

Les loyers se paient à l'expiration de l'année, le 11 novembre.

VAUX.

USUFRUIT DES BOIS.

Les bois se coupent tous les neuf ans.

L'élagage des arbres se fait également tous les neuf ans.

LOCATIONS VERBALES. - CONGÉ. - DÉLAI.

Les locations verbales se font à l'année.

Elles courent du 11 novembre au 11 novembre.

Les congés se donnent trois mois avant la sortie.

Les loyers se paient à l'expiration de l'année, le 11 novembre.

Il n'est accordé aucun délai pour déménager.

FIN.

*

Dans des temps moins heureux, quand les plus rudes labeurs amenaient plus difficilement l'aisance au foyer de la famille, alors que dans ces campagnes, aujourd'hui si belles, la propriété immobilière était pour ainsi dire l'unique richesse, on a dû s'habituer à se marier sans contrat. L'exception n'existait que pour quelques-uns parmi les plus aisés. Cela était alors de peu de conséquence. Car on apportait en mariage des immeubles, on recevait en dot ou par succession des immeubles encore, et les valeurs mobilières étaient relativement nulles.

A présent la position n'est plus la même. A la campagne comme à la ville, la fortune mobilière est devenue importante. Dès-lors est-il encore indifférent de passer sous silence l'acte grave qu'on nomme contrat de mariage ?

— S'il est facile d'apprécier toute la sagesse de la loi sur la communauté légale entre époux, il est facile aussi de reconnaître que dans les circonstances actuelles, avec un tel régime, les époux n'assurent plus, aussi bien que par le passé, *l'entier exercice de leurs reprises.*

Conséquemment ceux qui se marient sans contrat « *parce que c'est l'usage* » s'exposent à être victimes d'une vieille habitude.

Il convient donc de ne pas omettre le contrat de mariage, à moins d'avoir *la volonté* d'être soumis à la communauté légale, ou d'être dépourvu des moindres biens présents, comme sans espoir d'en jamais posséder à l'avenir par successions ou dons.

Nous rappelons, encore bien que cela semble être superflu, que la loi veut que toutes conventions matrimoniales soient rédigées *avant le mariage, par acte devant notaire.*

*

Dès que la mort nous a frappés, nos enfants et nos biens sont pour ainsi dire abandonnés. C'est pour protéger les uns et conserver les autres que la loi a créé des mesures telles que l'apposition des scellés, la nomination aux fonctions tutélaires, les inventaires, etc.

Le scellé sert à assurer la conservation de papiers et effets qu'il serait facile de détourner en l'absence des intéressés.

C'est un préjugé de prendre cette mesure *purement conservatoire* pour un acte d'hostilité. Il est tout aussi naturel de l'exercer *quand elle peut être utile*, que de faire un inventaire.

L'apposition des scellés après décès est faite par le juge de paix ou par un de ses suppléants, toute autre apposition serait illégale, eût-elle lieu à titre provisoire.

Un décret du 22 prairial an V ordonnait que, dans chaque commune, le maire, ou, à son défaut, son adjoint, donnât avis au juge de paix, *sans aucun délai*, de la mort de toute personne qui laisserait pour héritiers des pupilles, des mineurs ou des absents.

L'article 911 du Code de procédure civile, d'accord avec ce décret, dispose que le scellé sera apposé soit à la diligence du ministère public, soit *sur la déclaration du maire ou adjoint de la commune*, et même d'office par le juge de paix : 1° si le mineur est sans tuteur et que l'apposition n'ait point été requise par un parent ; 2° si le conjoint, ou si les héritiers ou l'un d'eux sont absents; 3° si le défunt était dépositaire public; auquel cas le scellé ne sera apposé que pour raison de ce dépôt et sur les objets qui le composent.

Il est donc important que les maires, qui ne peuvent ignorer les décès dans leurs communes, *avisent* le juge de paix des cas d'apposition *d'office*, et cela dans le plus bref délai possible; autrement le juge de paix serait dans l'impossibilité d'exercer ses fonctions, ne pouvant deviner ce qui arrive dans telle ou telle commune de son canton, ou il ne pourrait s'y livrer que tardivement et alors avec moins d'utilité.

Quant au droit de réquérir l'apposition du scellé, la loi dit qu'il appartient : 1° à tous ceux qui prétendent avoir droit dans la succession ou dans la communauté; 2° à tous créanciers fondés en titre exécutoire, ou autorisés par une permission soit du président du tribunal de première instance, soit du juge de paix du canton où le scellé doit être apposé; 3° et, en cas d'absence soit du conjoint, soit des héritiers ou de l'un d'eux, par les personnes qui demeuraient avec le défunt, et par ses serviteurs et domestiques.

*

La majorité, excepté pour le mariage, est fixée à 21 ans.

Avant cet âge, on est mineur.

*

Le mineur est émancipé de plein droit par le mariage.

Le mineur non marié pourra être émancipé par son père, ou, à défaut de père, par sa mère, lorsqu'il aura atteint l'âge de 15 ans.

Le mineur resté sans père ni mère pourra aussi, mais seulement à l'âge de 18 ans accomplis, être émancipé si le conseil de famille l'en juge capable.

*

Tant qu'un enfant mineur non émancipé a ses père et mère, son père est administrateur légal de sa personne et de ses biens.

Au décès de l'un deux il entre en tutelle.

Il a pour tuteur le survivant de ses père et mère.

Le dernier mourant des père et mère peut lui choisir un tuteur.

Faute de ce choix, le mineur orphelin de père et de mère a pour tuteur son aïeul paternel; à défaut de celui-ci, son aïeul maternel et ainsi en remontant, de manière que l'ascendant paternel soit toujours préféré à l'ascendant maternel du même degré.

S'il y a concurrence entre deux bisaïeuls de la ligne maternelle, il faut en référer au conseil de famille.

La mère tutrice qui veut se remarier doit, avant l'acte de mariage, convoquer le conseil de famille, qui décidera si la tutelle doit lui être conservée.

Elle n'est point tenue d'accepter la tutelle, et, en cas qu'elle la refuse, elle devra en remplir les devoirs jusqu'à ce que le conseil de famille ait nommé un tuteur.

Ce conseil est composé, non compris le juge de paix, des six plus proches parents ou alliés pris tant dans la commune où la tutelle sera ouverte que dans la distance de deux myriamètres, moitié du côté paternel, moitié du côté maternel. — Le parent sera préféré à l'allié du même degré, et, parmi les parents de même degré, le plus âgé à celui qui le sera le moins. — Les frères germains du mineur et les maris des sœurs germaines, pourvu qu'ils soient majeurs et non interdits, sont seuls exceptés de la limitation de nombre. S'ils sont six ou *au-delà*, ils seront tous membres du conseil de famille.

Lorsque les parents ou alliés se trouvent en nombre insuffisant sur les lieux ou dans la distance de deux myriamètres, le juge de paix peut appeler des parents ou alliés domiciliés à de plus grandes distances, ou, *dans la commune même,* des amis. — Il peut aussi permettre de citer, à quelque distance qu'ils soient domiciliés, des parents ou alliés plus proches en degrés *ou de mêmes degrés* que les parents présents, encore bien que ces derniers soient en nombre suffisant.

Les femmes autres que la mère et les ascendantes ne peuvent faire partie du conseil de famille.

Le conseil est convoqué soit sur la réquisition et à la diligence des parents du mineur, de ses créanciers ou d'autres parties intéressées, soit même d'office et à la poursuite du juge de paix. *Toute personne pourra dénoncer à ce magistrat le fait qui donnera lieu à la nomination d'un tuteur.*

C'est surtout au maire qu'il convient d'informer le juge de paix qu'un mineur est sans tuteur.

La loi dit que dans toute tutelle il y aura un subrogé-tuteur, dont les fonctions consisteront à agir pour les intérêts du mineur lorsqu'ils seront en opposition avec ceux du tuteur.

Lorsque le tuteur n'a pas été nommé par le conseil de famille, son devoir, avant d'entrer en fonctions, est de faire convoquer ce conseil pour la nomination du subrogé tuteur.

Si le maire avait connaissance que ce devoir n'eût pas été rempli, il devrait encore en donner avis au juge de paix, car il importe de ne rien omettre touchant les intérêts si sacrés d'un mineur.

Dans les dix jours qui suivront celui de sa nomination, connue de lui, le tuteur fera procéder à l'inventaire des biens du mineur en présence du subrogé-tuteur.

Et dans le mois qui suivra la clôture de l'inventaire, il fera vendre aux enchères publiques, en présence du subrogé-tuteur, tous les meubles autres que ceux que le conseil de famille l'aurait autorisé à conserver en nature ; mais cela ne concerne pas le tuteur qui a la jouissance légale des biens du mineur.

✶

L'inventaire ne peut être fait que par un notaire.

Il constate la situation tant active que passive de la communauté et de la succession.

Par conséquent il constate la valeur estimative des objets mobiliers.

✶

Les officiers publics qui ont qualité pour expertiser les biens meubles sont, dans ce canton, *les Notaires, le Greffier de la Justice de paix et les Huissiers.*

✶

La loi les a chargés aussi *de vendre les meubles, fruits et recoltes concurremment entre eux.*

MEULAN, IMPRIMERIE DE A. MASSON.

www.ingramcontent.com/pod-product-compliance
Ingram Content Group UK Ltd.
Pitfield, Milton Keynes, MK11 3LW, UK
UKHW020447220726
13923UKWH00005B/2396

9 782019 260651